Impressum
Verlag: BABADADA GmbH, Nedderfeld 112 , 22529 Hamburg
Geschäftsführer / Verlagsleitung: Harald Hof
Druck: Books on Demand GmbH, In de Tarpen 42, 22848 Norderstedt

Imprint
Publisher: BABADADA GmbH, Nedderfeld 112 , 22529 Hamburg, Germany
Managing Director / Publishing direction: Harald Hof
Print: Books on Demand GmbH, In de Tarpen 42, 22848 Norderstedt

feccu
diviser

186/2

alluwal
tableau noir

jangirdu
salle de classe

dingiral duɗal
cour (de récréation)

ceerno
professeur

kaayit
papier

windu
écrire

bindirgal
stylo

biro
bureau

pondirgal
règle

deftere
livre

almuudo
élève

sakosel

cartable

suudu kuɗol

trousse

kuɗol

crayon

ceeɓnoowo kuɗol

taille-crayon

momtirgal

gomme

nokku diidirɗo

carnet à dessin

diidgol

dessin

diidirgal

pinceau

suudu diidordu

boîte de peinture

sisooje

ciseaux

kol

colle

deftere softinorde

cahier d'exercices

coftinogol

devoirs

tongoode

chiffre

ɓeydu

additionner

ustu

soustraire

hebbin

multiplier

lim

calculer

bataake

lettre

hijju

alphabet

kongol

mot

windande

texte

jangu

lire

bindirgal

craie

darsu

leçon

windaade

livre de classe

ÿeewtogol

examen

ijaazi

certificat

wutte jaŋirɗo

uniforme scolaire

jaŋde

formation

ɗowitorde mawnde

lexique

jaaɓi haatirde

université

mokoroskop

microscope

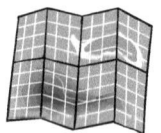

wertaango

carte

siwo mbalis

corbeille à papier

otel
hôtel

Grand

hoɗirdu
auberge

ROOMS

nokku beccirɗo
bureau de change

ÉCHANGE

woliis
valise

oto
voiture

ɗemngal

langue

ey / ala

oui / non

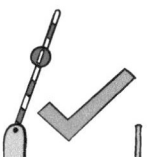

Eyyo

d'accord

mbaɗɗa

Salut

pirtoowo

interprète

jaraama

merci

hono foti...?

Combien coûte...?

mi faamaani

Je ne comprends pas

satteende

problème

jam hiiri

Bonsoir !

jam waali

Bonjour !

jam waal

Bonne nuit !

baay baay

Au revoir

ngardiindi

direction

kaake

bagages

saak

sac

saak bakke

sac-à-dos

koɗo

hôte

suudu

pièce

saak ɗaanorɗo

sac de couchage

taanta

tente

kabaaru jillotooɗo

office de tourisme

palaaz

plage

kartal keredii

carte de crédit

kasitaari

petit-déjeuner

bottaari

déjeuner

hiraande

dîner

tikkett

billet

suutde

ascenseur

tembere

timbre

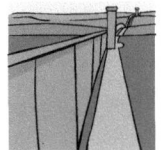

keerol

frontière

soodooɓe

douane

ambasaat

ambassade

wiisa

visa

paaspoor

passeport

transport

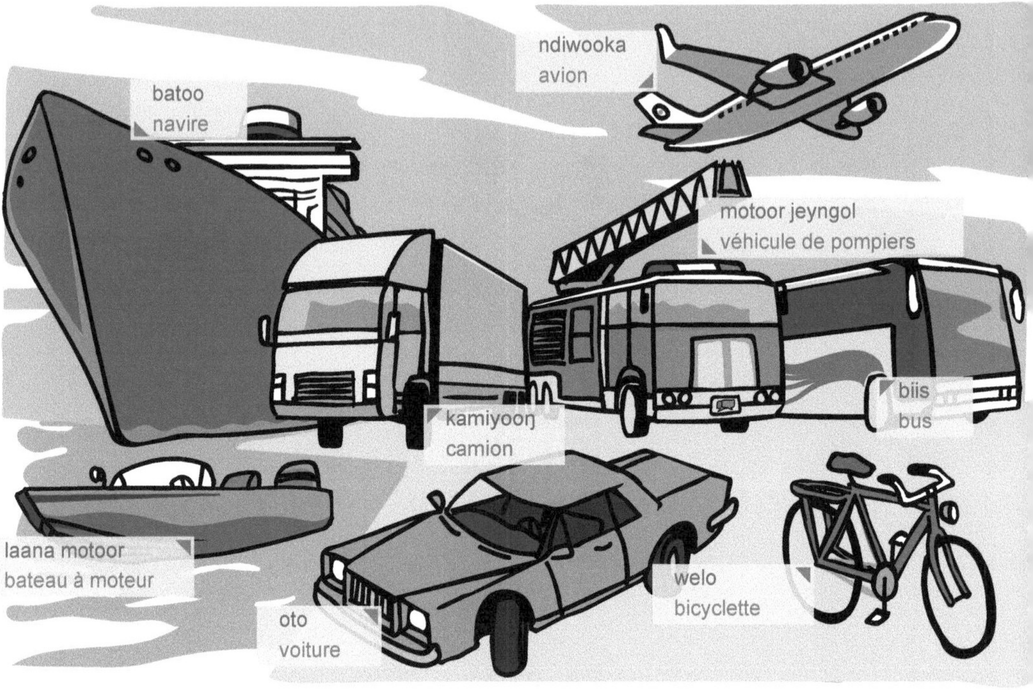
ndiwooka
avion
batoo
navire
motoor jeyngol
véhicule de pompiers
biis
bus
kamiyooŋ
camion
laana motoor
bateau à moteur
welo
bicyclette
oto
voiture

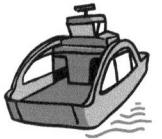

baak

ferry

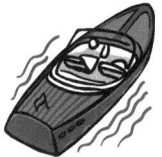

laana

barque

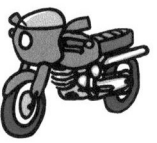

welo motoor

moto

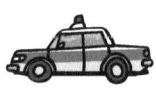

oto poliis

voiture de police

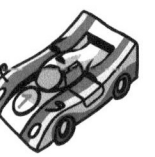

oto dandu

voiture de course

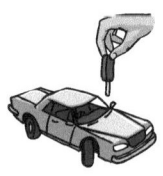

otoluwaaɗo

voiture de location

rendude oto
....
auto-partage

leŋge
....
voiture de remorquage

kamiyooŋ salo
....
benne à ordures

moto
....
moteur

gaas
....
essence

esaaseer
....
station d'essence

maantorde tali
....
panneau indicateur

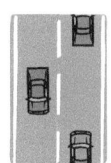

tali
....
trafic

ɓittugol tali
....
embouteillage

darnirde oto
....
parking

dartorde teree
....
gare

laabi
....
rails

teree
....
train

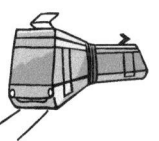

taraam
....
tramway

nawgol
....
wagon

elikooteer

hélicoptère

aydapoor

aéroport

hubeere

tour

jahoowo

passager

kontaneer

conteneur

kees

carton

saret

chariot

siwo

corbeille

diw / tello

décoller / atterrir

ville

saare

village

hakkunde wuro

centre-ville

galle

maison

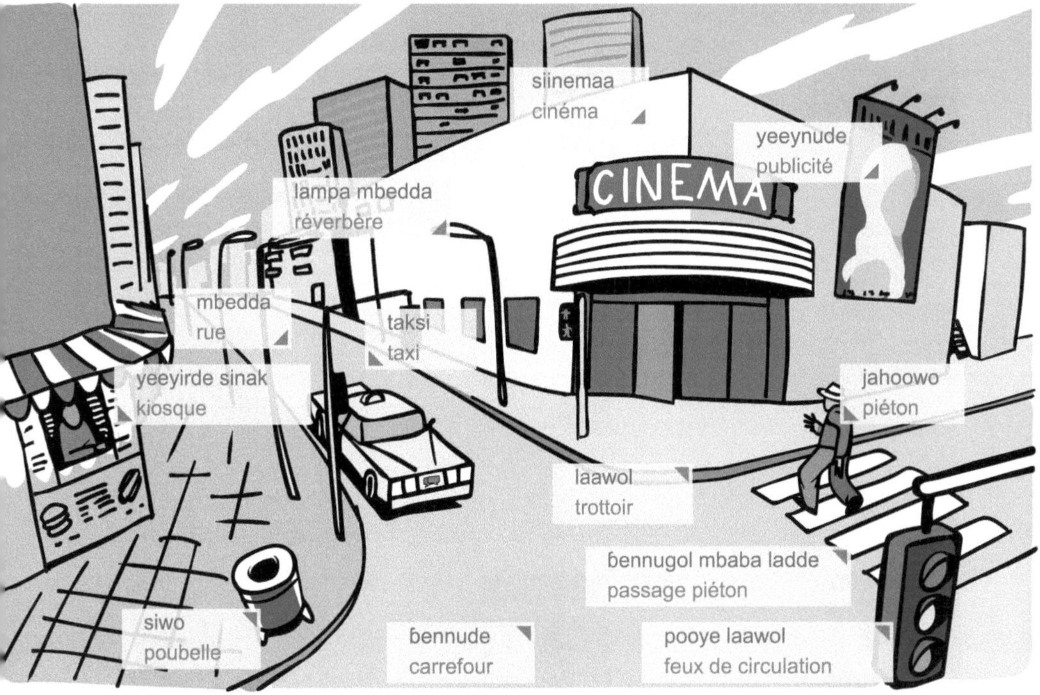

siinemaa
cinéma

yeeynude
publicité

lampa mbedda
réverbère

CINEMA

mbedda
rue

taksi
taxi

yeeyirde sinak
kiosque

jahoowo
piéton

laawol
trottoir

ɓennugol mbaba ladde
passage piéton

siwo
poubelle

ɓennude
carrefour

pooye laawol
feux de circulation

tiba
....
cabane

hoɗorde
....
appartement

dartorde teree
....
gare

meeri
....
mairie

miise
....
musée

duɗal
....
école

jaaɓi haatirde

université

baŋke

banque

safrirdu

hôpital

otel

hôtel

farmasii

pharmacie

gollorde

bureau

yeeyirde defte

librairie

yeeyirde

magasin

mo nehoowo leɗɗe

fleuriste

duggere

supermarché

jeere

marché

yeeyirde diiwaan

grand magasin

mo gawoowo

poissonnerie

nokku njeeygu

centre commercial

telloorde

port

parka
parc

joodorde
banque

pooŋ
pont

ŋabbirde
escaliers

les leydi
métro

laawol les
tunnel

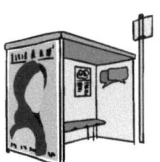

dartorde biis
arrêt de bus

baar
bar

restoraaŋ
restaurant

suudu posto
boîte à lettres

maantorde mbedda
panneau indicateur

meetorde parka
parcmètre

nehirde kulle
zoo

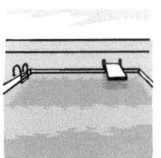

pisiin
piscine

jumaa
mosquée

ngesa

ferme

bonande

pollution

genaale

cimetière

ekiliis

église

dingiral

aire de jeux

tempele

temple

paysage

derewol
feuille

maantogal
panneau indicateur

laawol
chemin

paraad
pré

haayre
pierre

lekki
arbre

diwoowo
randonneur

caangol
rivière

hudo
herbe

baramlefol
fleur

fongo

vallée

tiwaande

montagne

weendu

lac

dundu

forêt

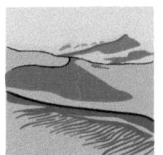

ladde

désert

wolkaaŋ

volcan

hoɗorde

château

timtimol

arc-en-ciel

wiiduru gaynaako

champignon

lekki koko

palmier

ɓongu

moustique

diw

mouche

ñuuñu

fourmis

ñaaku

abeille

njabala

araignée

karaab

coléoptère

paaɓa

grenouille

jiire

écureuil

nguru paaɓa

hérisson

wojere

lièvre

hooweere

chouette

ndiwri

oiseau

kankaleewal

cygne

fowru

sanglier

lella

cerf

kooba

élan

baaraas

barrage

seɗa hendu

éolienne

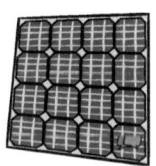

mbeɗu naange

panneau solaire

kilimaaŋ

climat

carwoowo
serveur

ndefu
menu

jooɗorde
chaise

suppu
soupe

pissaa
pizza

nappu
nappe

wutayel
couverts

puɗɗorɗo

hors d'œuvre

barme mawɗo

plat principal

deseer

dessert

njarameeje

boissons

ñamri

alimentation

bitel

bouteille

fastfuut
fast-food

ñaamde mbedda
plats à emporter

pot ataaya
théière

taasa suukara
sucrier

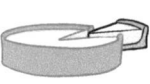

geɗal
portion

masiŋ esperesoo
machine à expresso

jooɗorde toownde
chaise haute

faktiir
facture

terey
plateau

paaka
couteau

fursett
fourchette

kuddu
cuillère

kuddu ataaya
cuillère à thé

torsooŋ
serviette

weer
verre

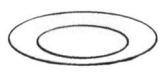

palaat

assiette

palaat suppu

assiette à soupe

coosoowo

soucoupe

soos

sauce

pot lamɗam

salière

poobaar

moulin à poivre

wineegar

vinaigre

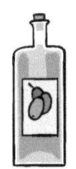

diwliin

huile

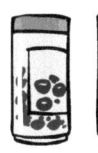

kaaniije

épices

ketsoop

ketchup

mutaarde

moutarde

maynees

mayonnaise

supermarché

dokkal teentungal
offre promotionnelle
FOR
coodoowo
client
deftel
produits laitiers
ɓingel leggal
fruits
saret
chariot

BUTCHERS

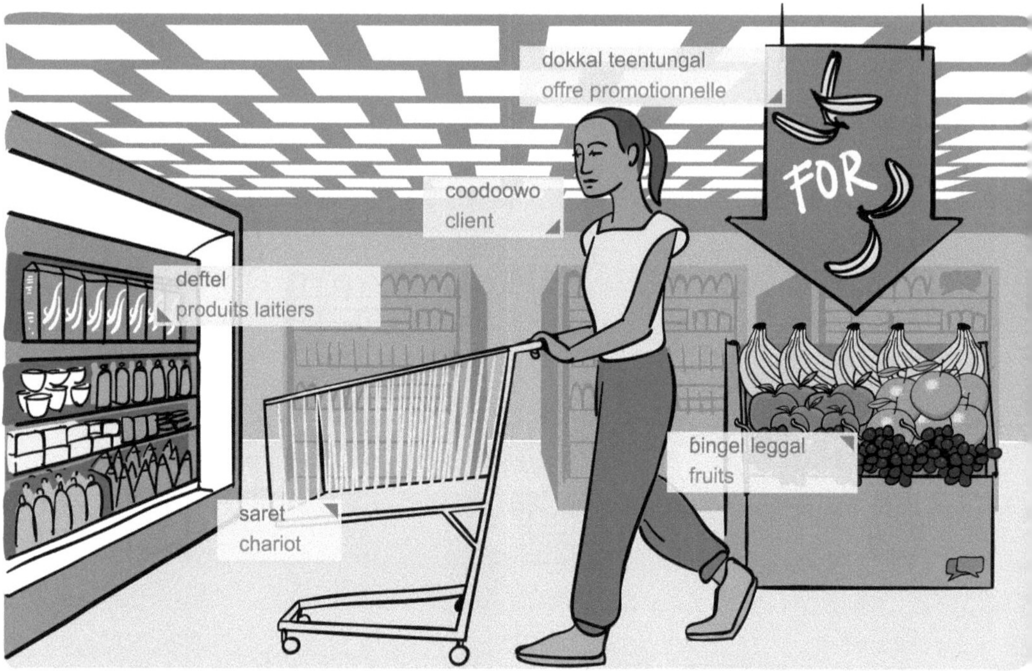

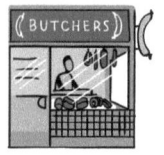

mo jeeyoowo teewu

boucherie

BAKERY

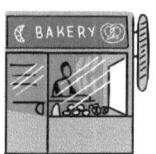

mo piyoowo mburu

boulangerie

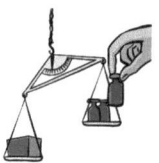

ɓett

peser

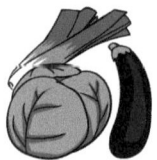

ɓiɓe leɗɗe

légumes

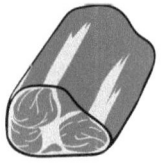

teewu

viande

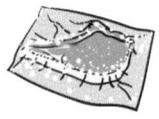

ñamri fendiindi

aliments surgelés

teewu buuɓngu

charcuterie

ñamri

conserves

omo

poudre à lessive

tangaleeji

bonbons

geɗe galle

articles ménagers

geɗe laɓɓinooje

détergents

jeeyoowo

vendeuse

hippoode

caisse

ngaluyanke

caissier

limo soodetee

liste d'achats

waktuuji gudditeeɗi

heures d'ouverture

kalbe

portefeuille

kartal keredii

carte de crédit

saak

sac

saak dalli

sac en plastique

ndiyam

eau

sii

jus de fruit

kosam

lait

Koowk

coca

sangara

vin

sangara

bière

alkol

alcool

koka

chocolat chaud

ataaya

thé

kafe

café

esperesoo

expresso

kaputsiino

cappuccino

banaana

banane

pomere

pomme

oraaŋs

orange

dende

melon

limoŋ

citron

karott

carotte

laac

ail

bambuu

bambou

soblere

oignon

wiiduru gaynako

champignon

gerte

noisettes

kodde

pâtes

espaketii

spaghetti

maaro

riz

solaat

salade

sipse

pommes frites

padaas pasnaaɗo

pommes de terre rôties

pissaa

pizza

amburgoor

hamburger

sandiis

sandwich

tayre

escalope

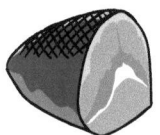

heltinde

jambon

salaami

salami

soosiis

saucisse

gertogal

poulet

juɗe

rôti

liingu

poisson

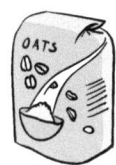

karaw

flocons d'avoine

miyesli

muesli

butaali makka

cornflakes

cafka

farine

koraasaŋ

croissant

loocol mburu

petits-pains

mburu

pain

mburu

pain grillé

mbiskit

biscuits

boor

beurre

caakri

le fromage blanc

ngato

gâteau

boofoode

œuf

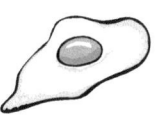

bofoode defaaɗo

œuf au plat

formaas

fromage

kerem galaas
glace

suukara
sucre

njuumri
miel

piire
confiture

soosde sokola
crème nougat

kiri
curry

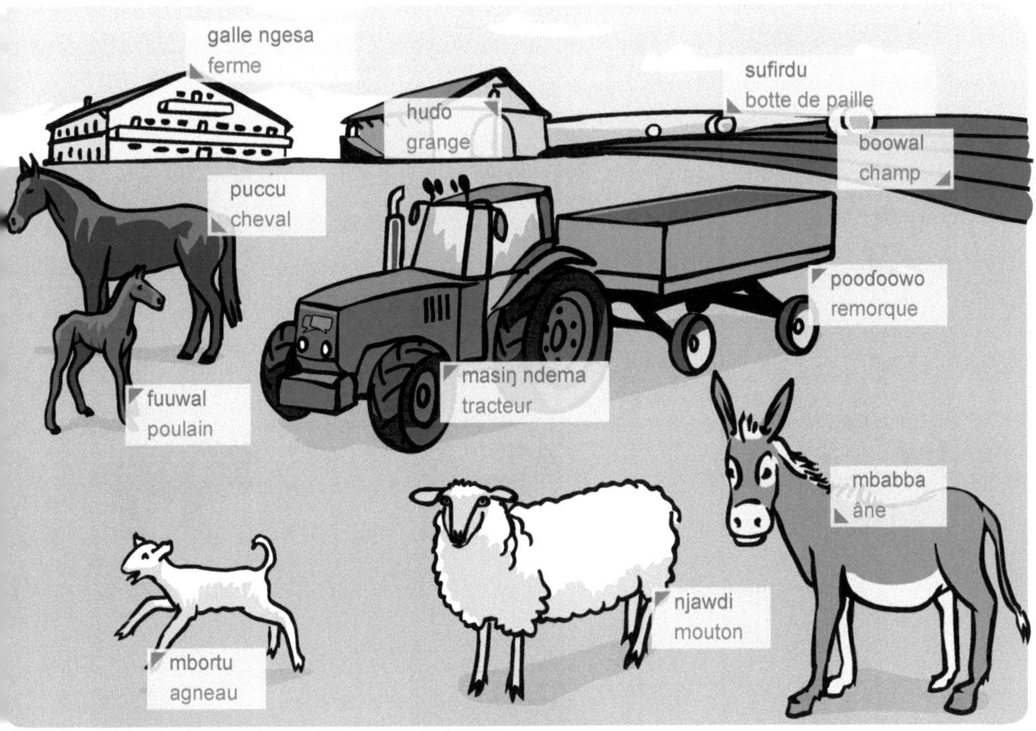

galle ngesa
ferme

sufirdu
botte de paille

boowal
champ

huɗo
grange

puccu
cheval

pooɗoowo
remorque

masiŋ ndema
tracteur

fuuwal
poulain

mbabba
âne

mbortu
agneau

njawdi
mouton

ndamndi

chèvre

ngaari

vache

ñale

veau

mbaba tugal

porc

ɓingel tugal

porcelet

ngaari

taureau

jaawalal

oie

jaawangal

canard

gertogal

poussin

jarlal

poule

ngori

coq

doombru

rat

ulluundu

chat

dombru

souris

ngaari

bœuf

rawaandu

chien

suudu rawaandu

chenil

lekki werte

tuyau de jardin

bitel ndiyam

arrosoir

jalo

faucheuse

jabbude

charrue

wafdu
faucille

caga
pioche

furset yettirɗo
fourche

jambere
hache

burwett
brouette

jardugal
cuve

bitel kosam
pot à lait

bonnude
sac

heerorde
clôture

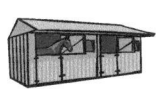

dari
étable

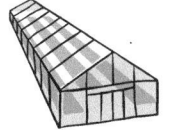

resofmaaŋ
serre

leydi
sol

aawdi
semences

engere
engrais

rendin coñoowo
moissonneuse-batteuse

soñ

récolter

coñal

récolte

ñambi

igname

ndiyamiri

blé

soozaa

soja

padaas

pomme de terre

makka

maïs

aawdi adan

colza

lekki ɓesnooki

arbre fruitier

kasaawa

manioc

gawri

céréales

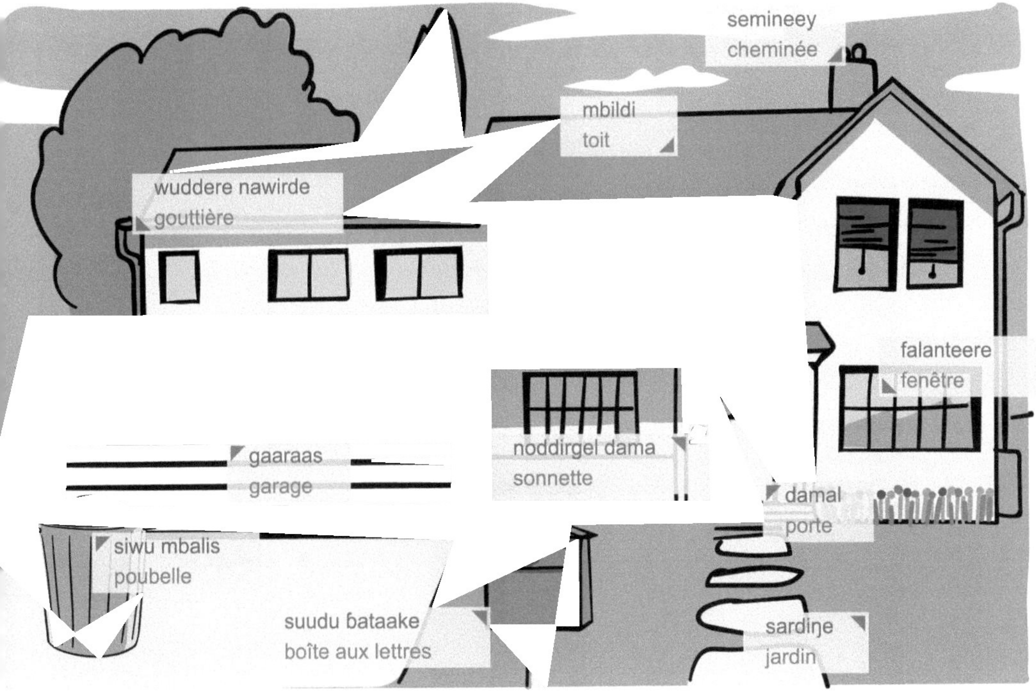

semineey
cheminée

mbildi
toit

wuddere nawirde
gouttière

falanteere
fenêtre

gaaraas
garage

noddirgel dama
sonnette

damal
porte

siwu mbalis
poubelle

suudu ɓataake
boîte aux lettres

sardiŋe
jardin

saal
salon

lootorde
salle de bain

waañ
cuisine

suudu lelteendu
chambre à coucher

suudu suka
chambre d'enfant

suudu hirtordu
salle à manger

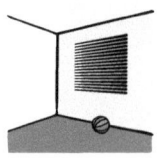

leydi

sol

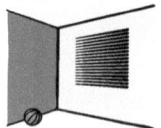

miir

mur

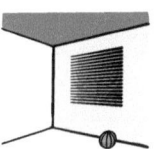

dira

plafond

masiŋel

cave

soona

sauna

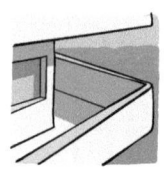

balkooŋ

balcon

teeraas

terrasse

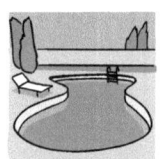

pisin

piscine

tondoos

tondeuse à gazon

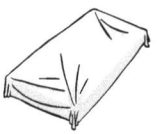

kaayit

housse

mbertanteeri

couette

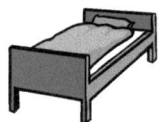

lelnde

lit

pittirɗe

balai

siwoo

sceau

waylu

interrupteur

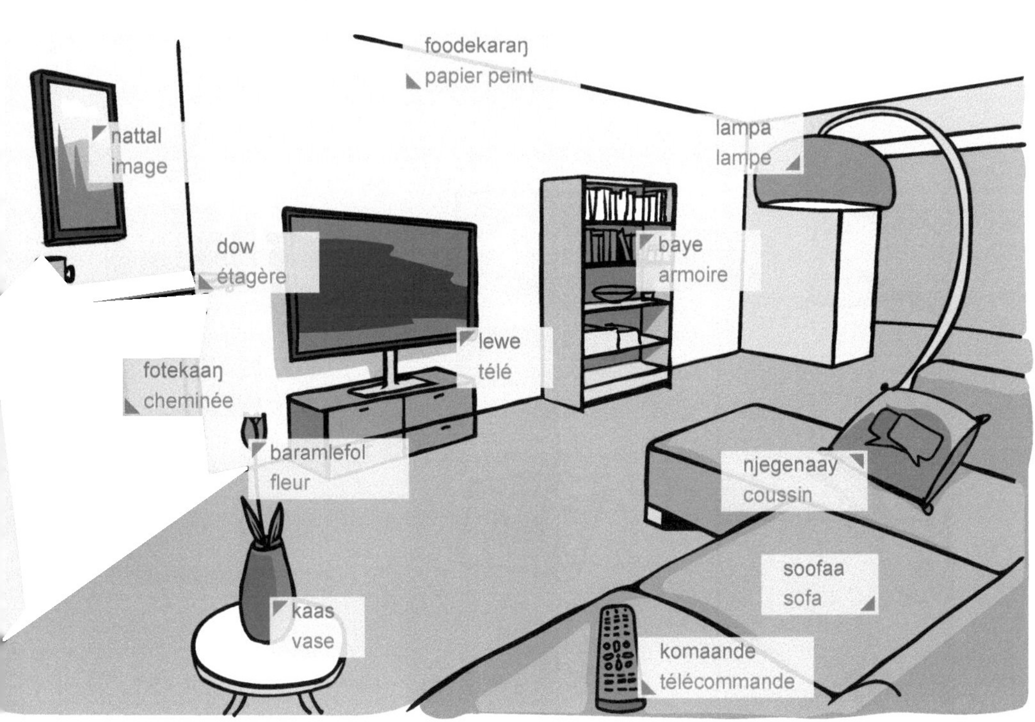

foodekaraŋ
papier peint

nattal
image

lampa
lampe

dow
étagère

baye
armoire

lewe
télé

fotekaaŋ
cheminée

baramlefol
fleur

njegenaay
coussin

soofaa
sofa

kaas
vase

komaande
télécommande

tappi
....
tapis

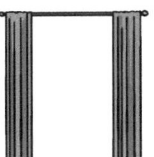

rido
....
rideau

taabal
....
table

jooɗorde
....
chaise

jooɗorde timmunde
....
chaise à bascule

tuggorde
....
fauteuil

deftere

livre

suddaare

couverture

cinki

décoration

docotal

bois de chauffage

filmo

film

kuutorɗe hi-fi

chaîne hi-fi

caabi

clé

jaaynde

journal

pentiirde

peinture

posteer

poster

haalirde

radio

deftel mooftirgel

bloc-notes

ŋabbude

aspirateur

siwo lekki

cactus

sondel

bougie

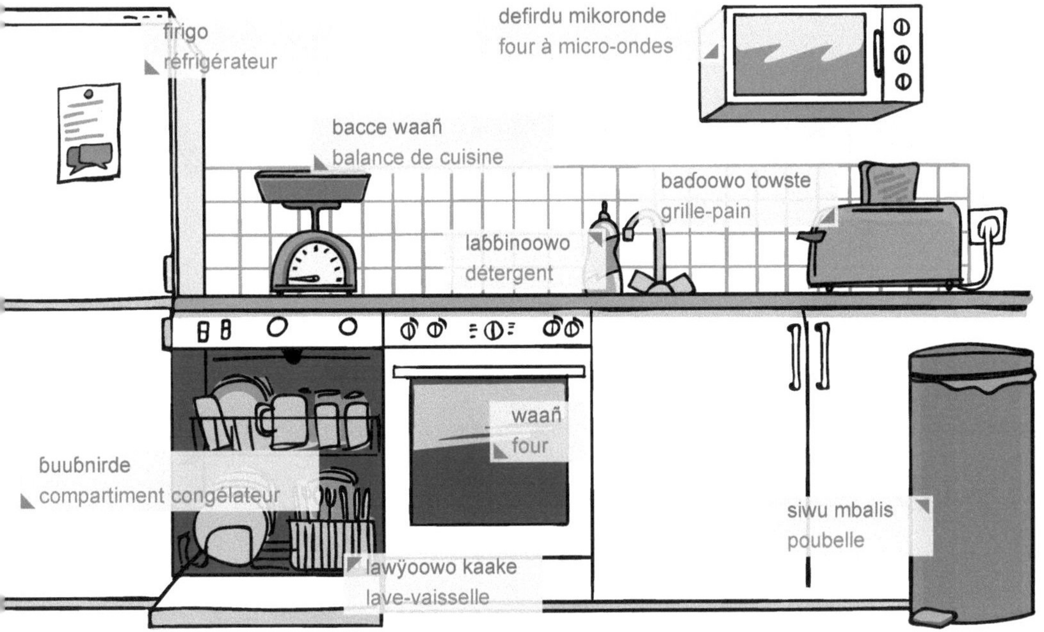

defirdu mikoronde
four à micro-ondes

firigo
réfrigérateur

bacce waañ
balance de cuisine

baɗoowo towste
grille-pain

labbinoowo
détergent

waañ
four

buuɓnirde
compartiment congélateur

siwu mbalis
poubelle

lawŷoowo kaake
lave-vaisselle

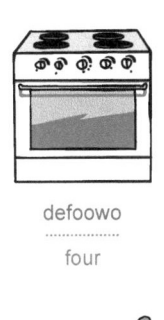

defoowo
four

pot
casserole

pot baɗɗo njamdi
marmite

lehel
wok / kadai

lahal
poêle

baraade
bouilloire electrique

gulnoowo

cuiseur vapeur

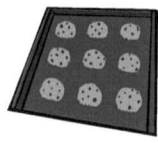

fuur cumirɗo

plaque de cuisson

wiisirde

vaisselle

kaas

gobelet

taasa

coupe

bakett

baguettes

heɗirde

louche

kuundal

spatule

burgal

fouet

gulnirɗo

passoire

pool

tamis

koosoowo

râpe

wowru

mortier

njuɗu

barbecue

lewlewndu

cheminée

alluwal tayirgal

planche à découper

dullirgal

rouleau à pâtisserie

tenaay

tire-bouchon

potyel

boîte

udditirɗo potyel

ouvre-boîte

jaggoowo pot

maniques

lawÿirde

lavabo

borisde

brosse

epoos

éponge

jiiɓoowo

mixeur

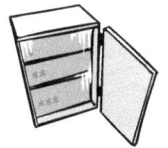

firigo juutɗo

congélateur

bitel tiggu

biberon

robine

robinet

salle de bain

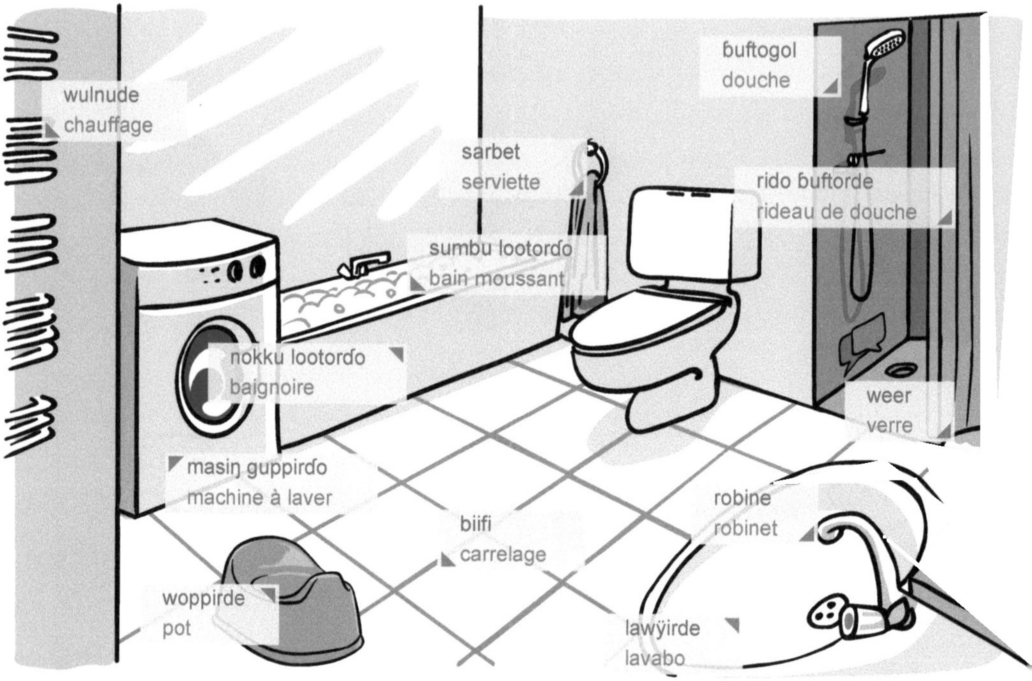

wulnude
chauffage
sarbet
serviette
ɓuftogol
douche
rido ɓuftorde
rideau de douche
sumbu lootorɗo
bain moussant
nokku lootorɗo
baignoire
weer
verre
masiŋ guppirɗo
machine à laver
robine
robinet
biifi
carrelage
woppirde
pot
lawƴirde
lavabo

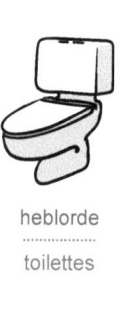

heblorde

toilettes

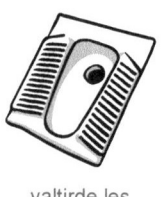

yaltirde les

toilette à la turque

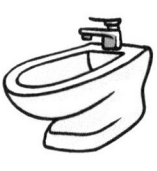

yaltirde

bidet

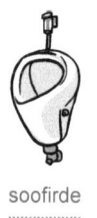

soofirde

urinoir

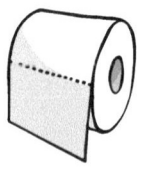

kaayit heblorde

papier toilette

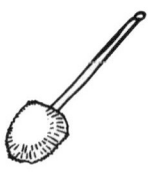

boros heblorde

brosse à toilette

boros ñiiÿe

brosse à dents

pat cocorɗo

dentifrice

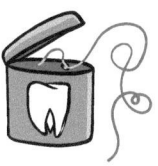

cocorgal

fil dentaire

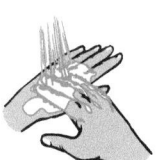

lawyu

laver

buftorde jungo

douche manuelle

jampe

douche intime

taasa

vasque

boros keeci

brosse dorsale

saabunde

savon

nebam buftorde

gel douche

sampoye

shampooing

lootogel

gant de toilette

yupude

écoulement

mileen

crème

lati

déodorant

daarogal

miroir

daarogal jungo

miroir cosmétique

rasuwaar

rasoir

sumbu pemborɗo

mousse à raser

lallitirde

après-rasage

koomu

peigne

boros

brosse

yoorno hoore

sèche-cheveux

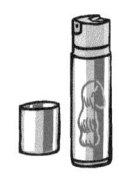

uurna hoore

laque pour cheveux

makiyaas

fond de teint

lippo

rouge à lèvres

emaaye segene

vernis à ongles

wiro

ouate

sisooje segene

coupe-ongles

parfooŋ

parfum

saawdu lawyirdu

trousse de toilette

kuudi

tabouret

bacce ɓetirde

pèse-personne

wutte lootorɗo

peignoir

kawaseeje dalli

gants de nettoyage

tampooŋ

tampon

sarbet laɓɓinoorɗo

serviettes hygiéniques

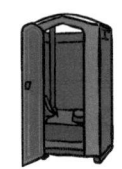

lootogol cellungol

toilette chimique

chambre d'enfant

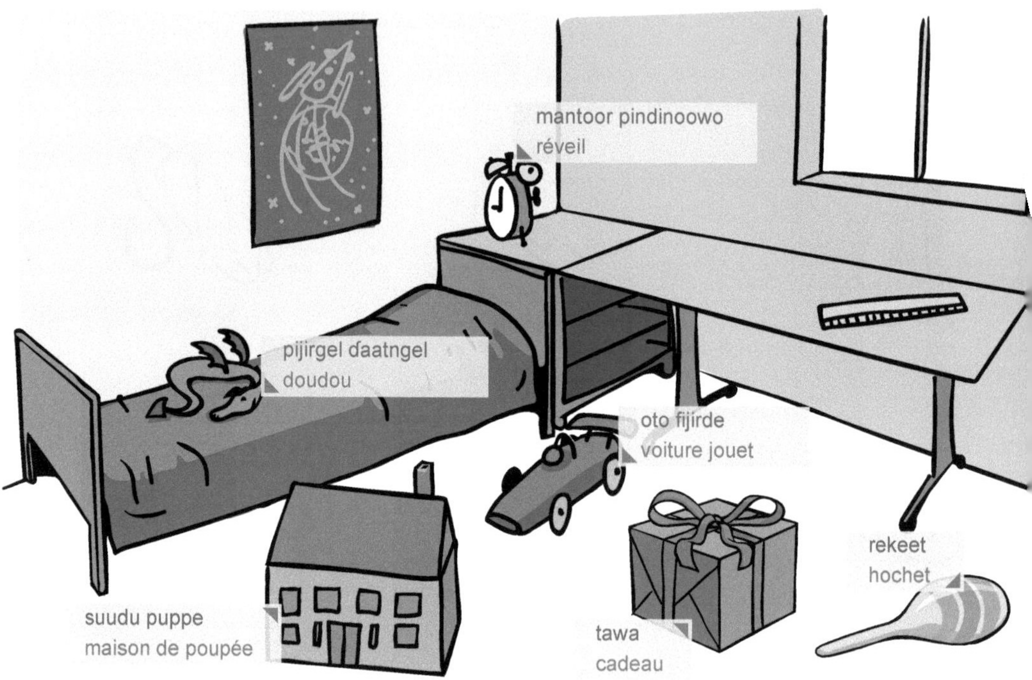
mantoor pindinoowo
réveil
pijirgel ɗaatngel
doudou
oto fijirde
voiture jouet
rekeet
hochet
suudu puppe
maison de poupée
tawa
cadeau

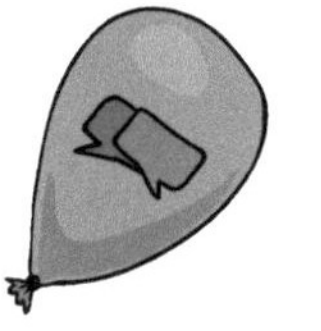

balooŋ

ballon

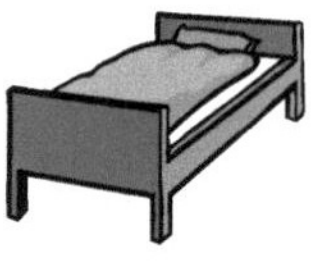

lelnde

lit

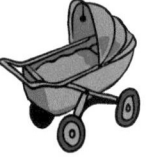

puus puus

poussette

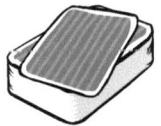

taabal karte

jeu de cartes

juwirgal

puzzle

SUPER
MEGA

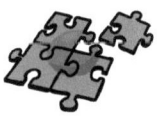

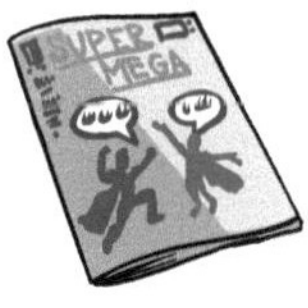

jalnii

bande dessinée

tuufeeje lego

pièces lego

kaaÿe maadi

blocs de construction

pijirgel suka

figurine

wutte suka

grenouillère

mbiifu

frisbee

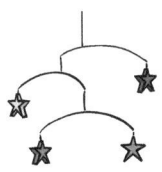

noddirgel

mobile

fijirde alluwal

jeu de société

dee

dé

tereŋ jahiroowo batiri

train miniature

ɗaayɗo

sucette

hiirde

fête

deftere natte

livre d'images

bal

balle

puppe

poupée

fij

jouer

ngaska leydi

bac à sable

fijirde widoo peley

console de jeu

yirlude

balançoire

biifi tati

tricycle

pijirɗe

jouets

uluundu pijirgel

ours en peluche

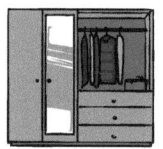

woliis

armoire

kawaseeje

chaussettes

baardinirɗi

bas

dogirɗi

collant

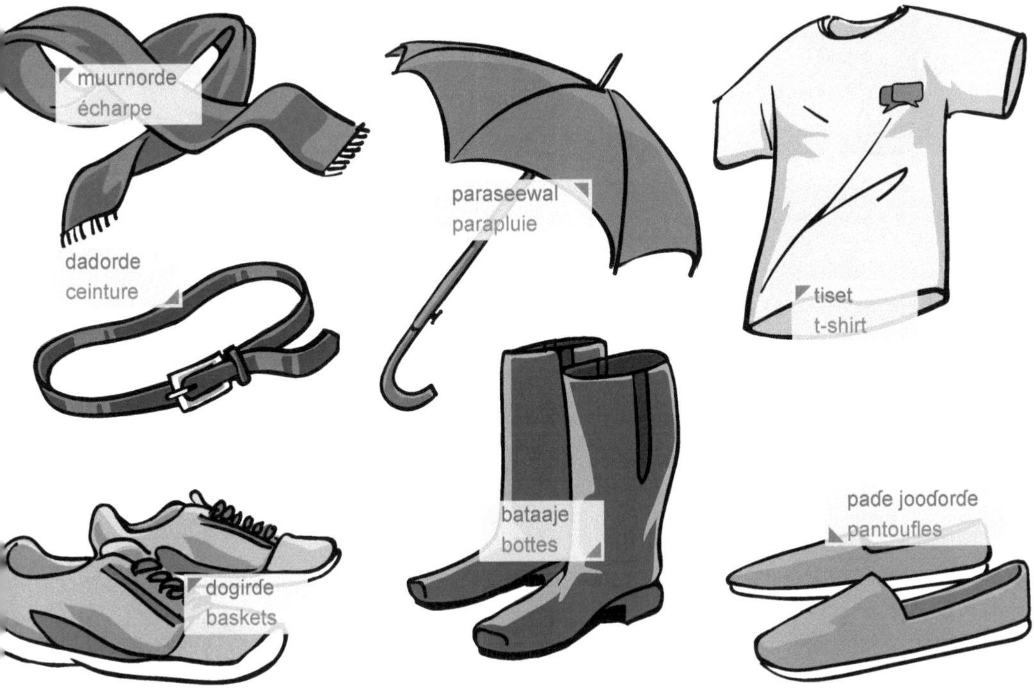

muurnorde
écharpe

dadorde
ceinture

paraseewal
parapluie

tiset
t-shirt

bataaje
bottes

dogirde
baskets

paɗe jooɗorde
pantoufles

caraax
....
sandales

paɗe
....
chaussures

bataaje dalli
....
bottes de caoutchouc

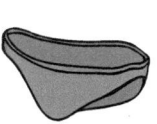

cakkirɗi
....
sous-vêtements

site ŋoos
....
soutien-gorge

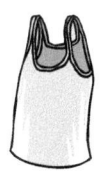

weste
....
maillot de corps

ɓandu

body

tuuba

pantalon

jiin

jean

sippu

jupe

buluus

chemisier

wuttel

chemise

piliweer

pull

njallaaba

sweat à capuche

balaseer suka

veste

jakett

veste

sabandoor

manteau

wutte tobo

imperméable

kossim

costume

robbo

robe

wutte cuddungu

robe de mariée

cakkirɗo

costume

robbo baaldudo

chemise de nuit

baaluɗi

pyjama

sari

sari

fiilorde

foulard

kaala

turban

misoor

burqa

haftan

caftan

abaaye

abaya

lumborɗo

maillot de bain

leɗɗe

maillot de bain

kilooti

short

dewirɗi

tenue d'entraînement

aparooŋ

tablier

kawase

gants

nebbu

bouton

lone

lunettes

jawo

bracelet

cakka

collier

feggere

bague

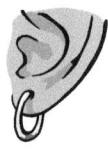

hootonde

boucle d'oreille

laafa

bonnet

jaggirgal sabandoor

cintre

kufna

chapeau

karwaat

cravate

korsude

fermeture éclair

tengaade

casque

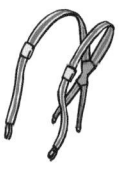

jawe

bretelles

wutte jaɲirɗo

uniforme scolaire

dadorɗo

uniforme

nappu suka

bavoir

ɗaayɗo

sucette

fooftini

lange

carwoowo
serveur

nokku bindirɗo
armoire d'archivage

ialtinoowo

kaayit
papier

peewnoowo
écran

biro
bureau

doomburu
souris

bindirgal

siwo mbalis
corbeille à papier

ioodorde

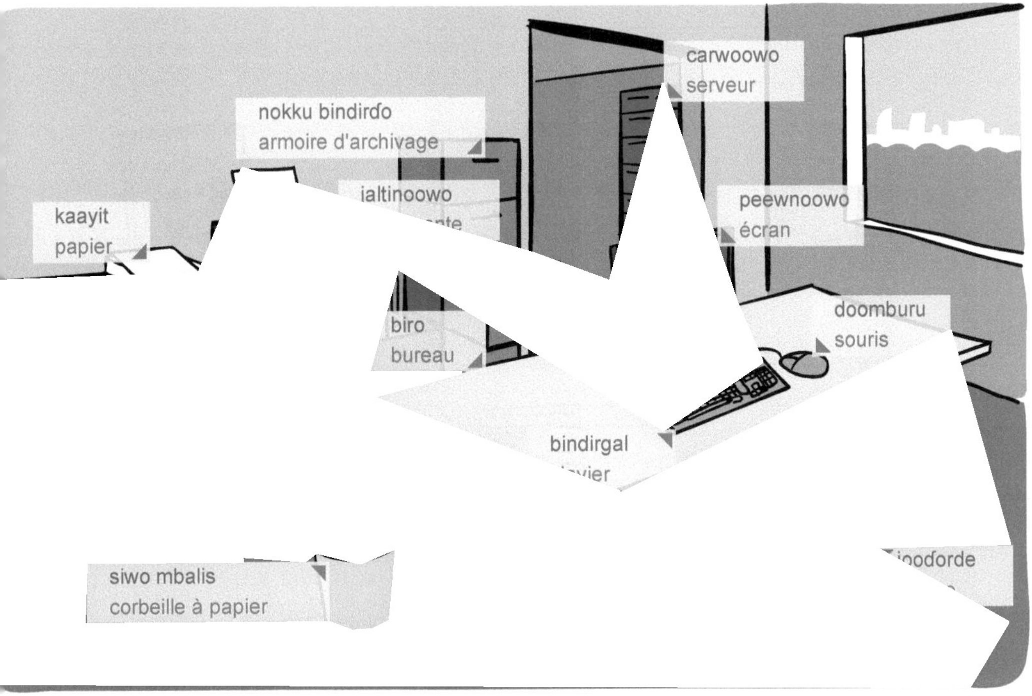

koppu kafe

tasse de café

tongirde

calculatrice

enternet

internet

ordinateer

ordinateur portable

bataake kaayit

lettre

bataake

message

noddirgel

portable

jokkondiral

réseau

nandinoowo

photocopieuse

kuutorgel

logiciel

noddirgel

téléphone

piriis

prise

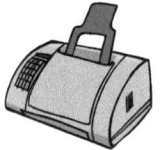

masiŋ faksii

fax

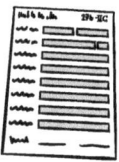

sifaa

formulaire

kaayit

document

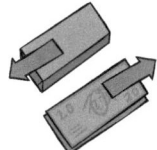

sood

acheter

yob

payer

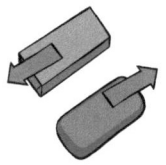

yeey

faire du commerce

kaalis

monnaie

USD

dolaar

dollar

EUR

oro

euro

JPY

yeen

yen

RUB

ruubal

rouble

CHF

siiwis farayse

franc suisse

CNY

yuwaan renminbi

renminbi yuan

INR

ruppii

roupie

nokku ngalu

distributeur automatique

nokku beccirɗo

bureau de change

kaŋe

or

kaalis

argent

peteroŋ

pétrole

doole

énergie

coggu

prix

jokkondiral

contrat

lempo

taxe

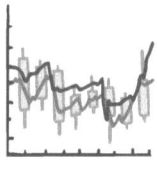

jeyii

action

liggo

travailler

liggotooɗo

employé

ligginoowo

employeur

isin

usine

yeeyirde

magasin

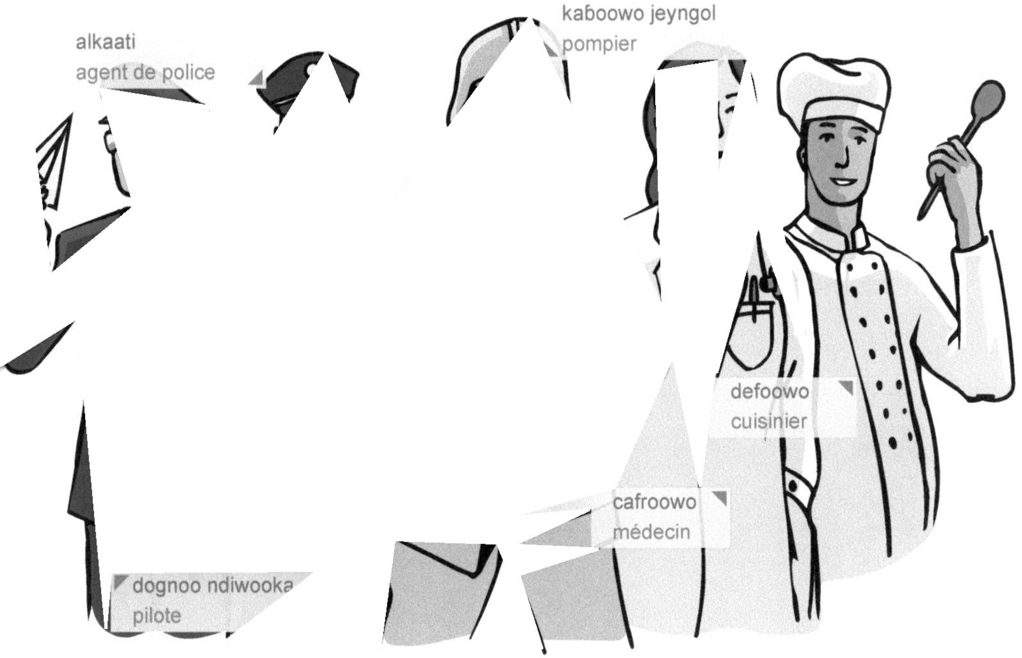

alkaati
agent de police

kaɓoowo jeyngol
pompier

defoowo
cuisinier

cafroowo
médecin

dognoo ndiwooka
pilote

mooftoowo
jardinier

meniise
menuisier

gawoowo debbo
couturière

ñaawoowo
juge

simiyanke
chimiste

aktoor
acteur

diirnoowo biis

conducteur de bus

diirnoowo taksi

chauffeur de taxi

gawoowo

pêcheur

debbo pittoowo

femme de ménage

biloowo

couvreur

carwoowo

serveur

baañoowo

chasseur

diidoowo

peintre

piyoo mburu

boulanger

peewnoo jeyngol

électricien

mahoowo

ouvrier

eseñoor

ingénieur

buusee

boucher

polombiyee

plombier

neɗɗo posto

facteur

soldaat
soldat

arsitekte
architecte

ngaluyanke
caissier

leɗɗeyanke
fleuriste

mooroowo
coiffeur

diirnoowo
contrôleur

peenoowo jamɗe
mécanicien

gardiiɗo
capitaine

safroowo ñiiɣe
dentiste

gando
scientifique

babbiin
rabbin

almaami
imam

muwaan
moine

neɗɗo alla
prêtre

maartoo
marteau

kofooje
pinces

tuurnawiis
tournevis

tayoowo
clé

corsoo
torche

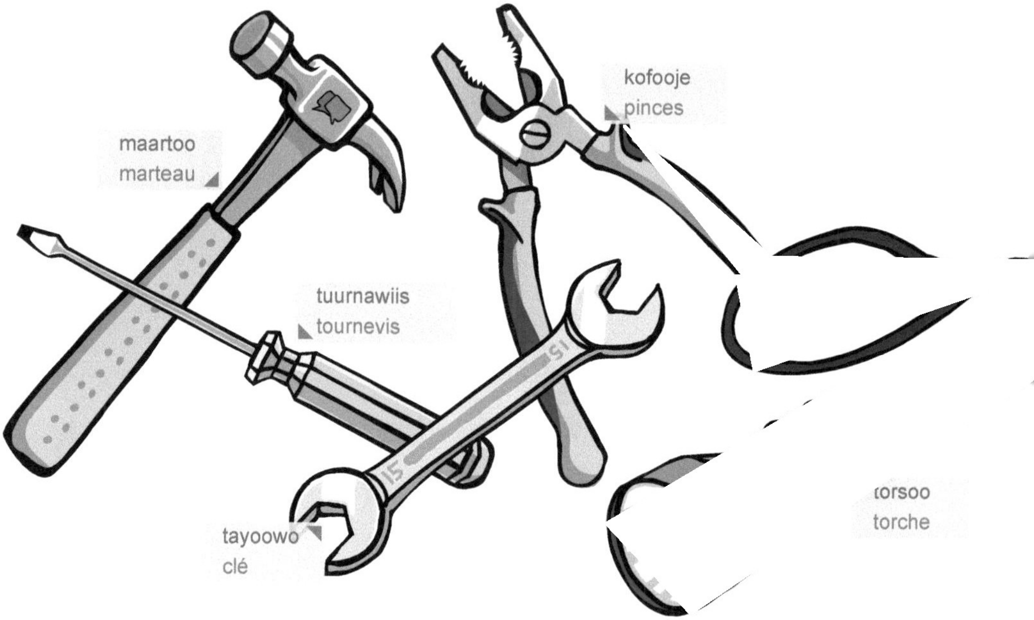

ngasirdi

pelleteuse

suudu kuutorɗe

boîte à outils

seel

échelle

siiy

scie

pontooje

clous

yuwirde

perceuse

56   kuutorɗe - outils

feewnit
....
réparer

nokkirde
....
pelle

sooot
....
Mince !

peel
....
pelle

pot diidirɗo
....
pot de peinture

wiisuuji
....
vis

instruments de musique

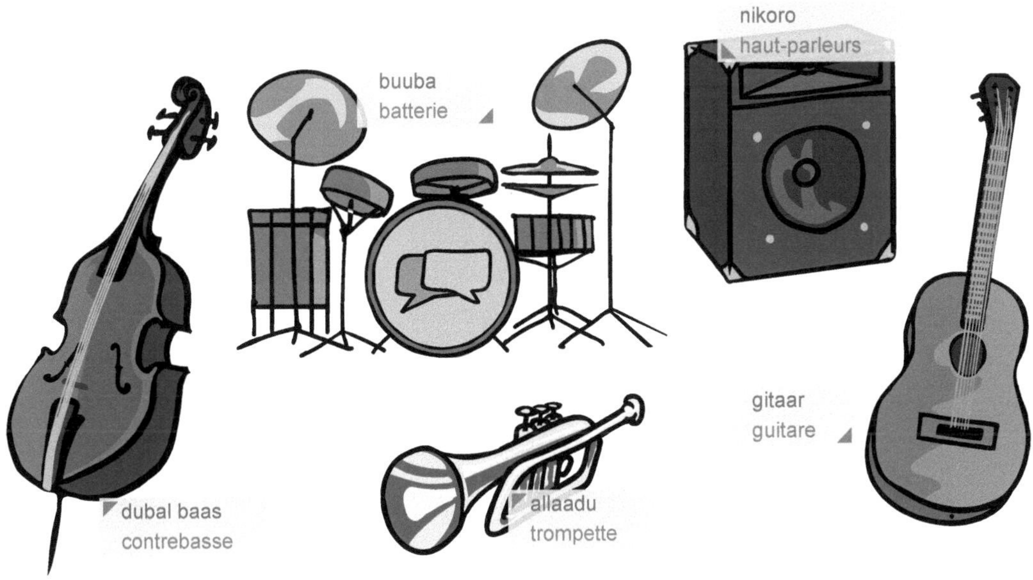

buuba
batterie ◢

nikoro
haut-parleurs

gitaar
guitare ◢

▼dubal baas
contrebasse

allaadu
trompette

piyaano

piano

ñaañooru

violon

baas

basse

timpaan

timbales

bawɗi

tambour

bindirgal

piano électrique

saksofooŋ

saxophone

coolumbel

flûte

haaldude

microphone

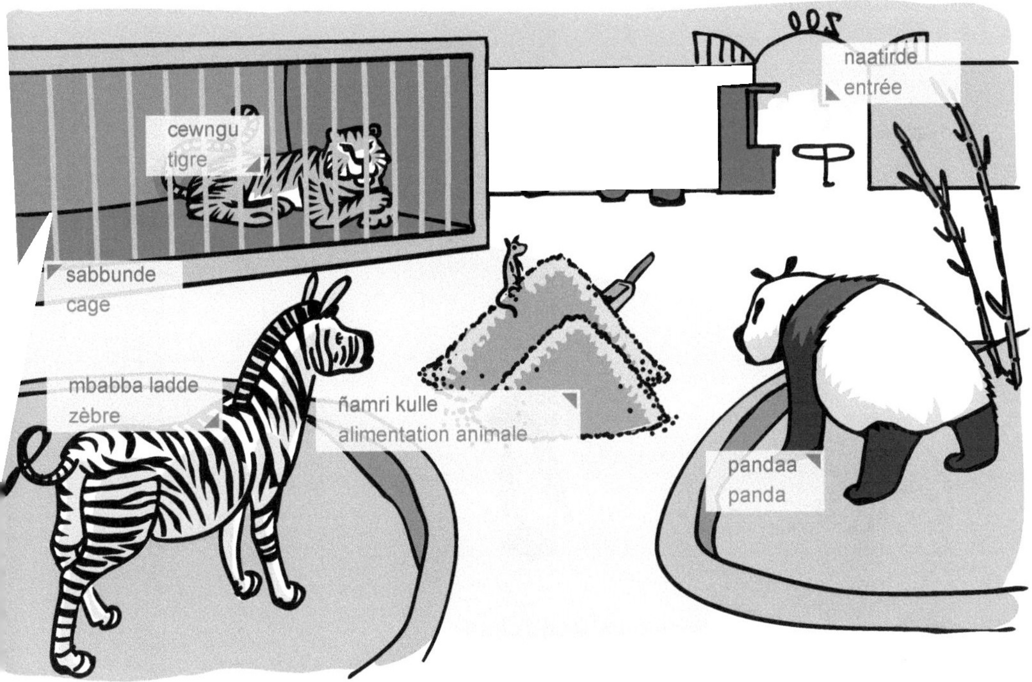

naatirde
entrée

cewngu
tigre

sabbunde
cage

mbabba ladde
zèbre

ñamri kulle
alimentation animale

pandaa
panda

kulle
animaux

ñiiwa
éléphant

kanguruu
kangourou

liwoongu
rhinocéros

waandu
gorille

fowru
ours

ngelooba

chameau

jaawagal

autruche

mbaroodi

lion

golo

singe

ñaarpural

flamand rose

seku

perroquet

fowru nees

ours polaire

peŋwee

pingouin

reke

requin

ngoriyal

paon

mboddi

serpent

nooro

crocodile

deenoowo kulle

gardien de zoo

liingu

phoque

cewngu

jaguar

molel puccu

poney

cewlu

léopard

ngabu

hippopotame

ñamala

girafe

ciilal

aigle

fowru

sanglier

liingu

poisson

heende

tortue

morsee

morse

daga

renard

lella

gazelle

fugu koyngel Amarik
american Football

welo
cyclisme

teniis
tennis

basket
basket-ball

lumbaade
natation

bokse
boxe

okey e galaas
hockey sur glace

fugu koyngel

football

badminton

badminton

dogduuji

athlétisme

fugu jungo

handball

eskiiy

ski

polo

polo

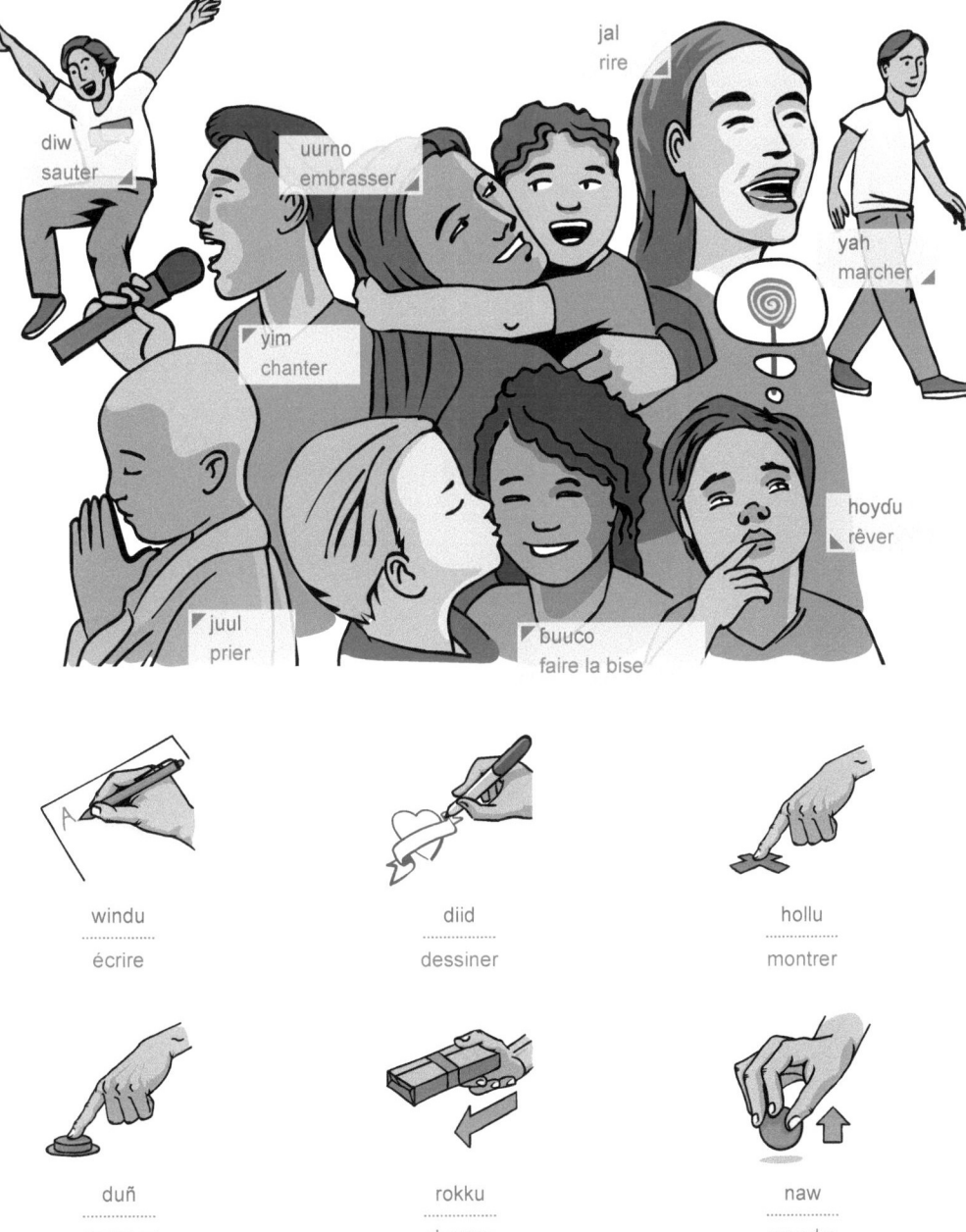

jal
rire

diw
sauter

uurno
embrasser

yah
marcher

yim
chanter

hoyɗu
rêver

juul
prier

buuco
faire la bise

windu
écrire

diid
dessiner

hollu
montrer

duñ
pousser

rokku
donner

naw
prendre

jogo

avoir

waɗ

faire

won

être

daro

être debout

dog

courir

ittu

trier

weddo

jeter

yan

tomber

fen

être couché

fad

attendre

naw

porter

jooɗo

être assis

ɓoorno

s'habiller

ɗaano

dormir

finn

se réveiller

ndaar

regarder

woy

pleurer

fiiy

caresser

koomu

peigner

haal

parler

faam

comprendre

naamdo

demander

hetto

écouter

yar

boire

ñaam

manger

haɓɓu

ranger

yiɗ

aimer

def

cuire

diirnu

conduire

diw

voler

awyu

faire de la voile

lim

calculer

jangu

lire

jangu

apprendre

liggo

travailler

res

se marier

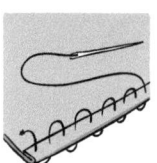

aaw

coudre

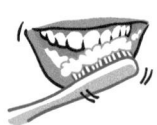

boris ñiiÿe

brosser les dents

war

tuer

simmo

fumer

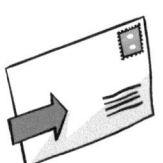

neldu

envoyer

...iraaɗo debbo
...nd-mère

taaniraaɗo gorko
grand-père

baaba
père

yumma
mère

tiggu
bébé

biɗɗo debbo
fille

biɗɗo gorko
fils

koɗo

hôte

gogo

tante

kaawiraaɗo

oncle

mawniraaɗo gorko

frère

mawniraaɗo debbo

sœur

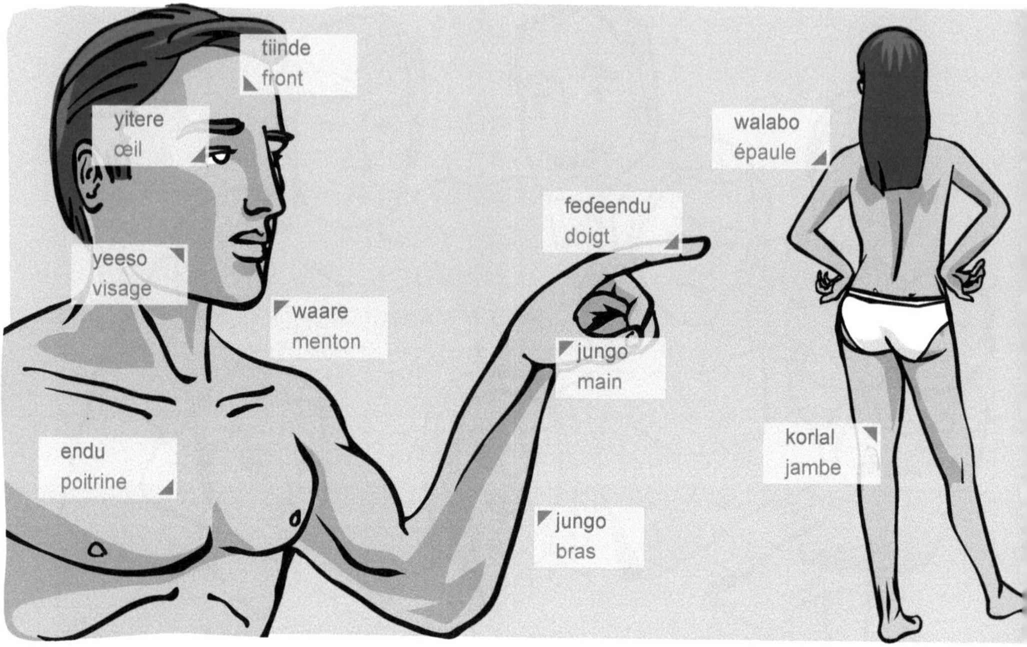

tiinde
front

yitere
œil

walabo
épaule

fedeendu
doigt

yeeso
visage

waare
menton

jungo
main

endu
poitrine

jungo
bras

korlal
jambe

tiggu

bébé

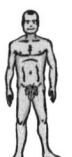

gorko

homme

debbo

femme

debbo

fille

gorko

garçon

hoore

tête

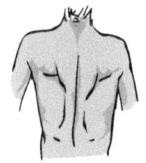

keeci

dos

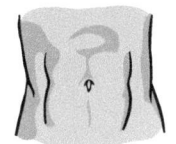

reedu

ventre

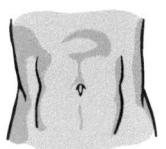

wudduru

nombril

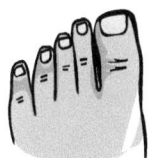

feɗeendu

orteil

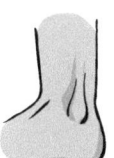

njaaɓordi

talon

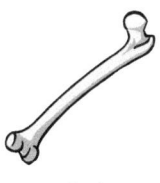

ÿiyal

os

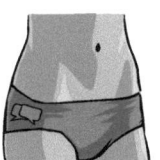

buhal

hanche

hofru

genou

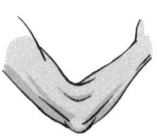

fooŋturu

coude

hinere

nez

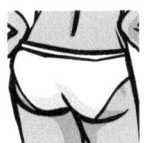

gaɗa

fesses

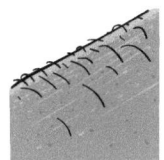

nguru

peau

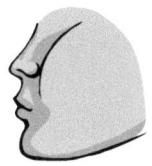

aɓɓuko

joue

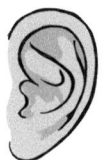

nofru

oreille

tondu

lèvre

hunuko

bouche

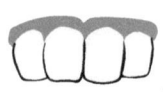

ñiire

dent

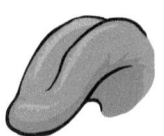

ɗemngal

langue

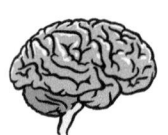

ngaandi

cerveau

ɓernde

cœur

ÿiye

muscle

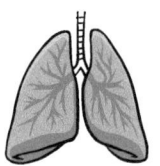

jofe

poumons

heeñere

foie

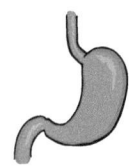

kuuse

estomac

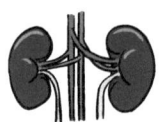

booÿe

reins

leldaade

rapport sexuel

kawasal

préservatif

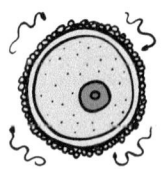

ɓoccoonde

ovule

maniiyu

sperme

cowagol

grossesse

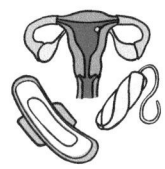

ella
menstruation

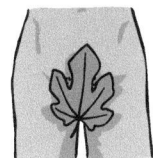

kottu
vagin

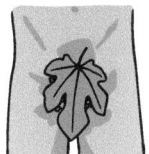

soolde
pénis

leebol yitere
sourcil

sukundu
cheveux

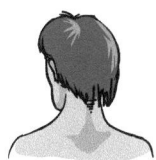

daande
cou

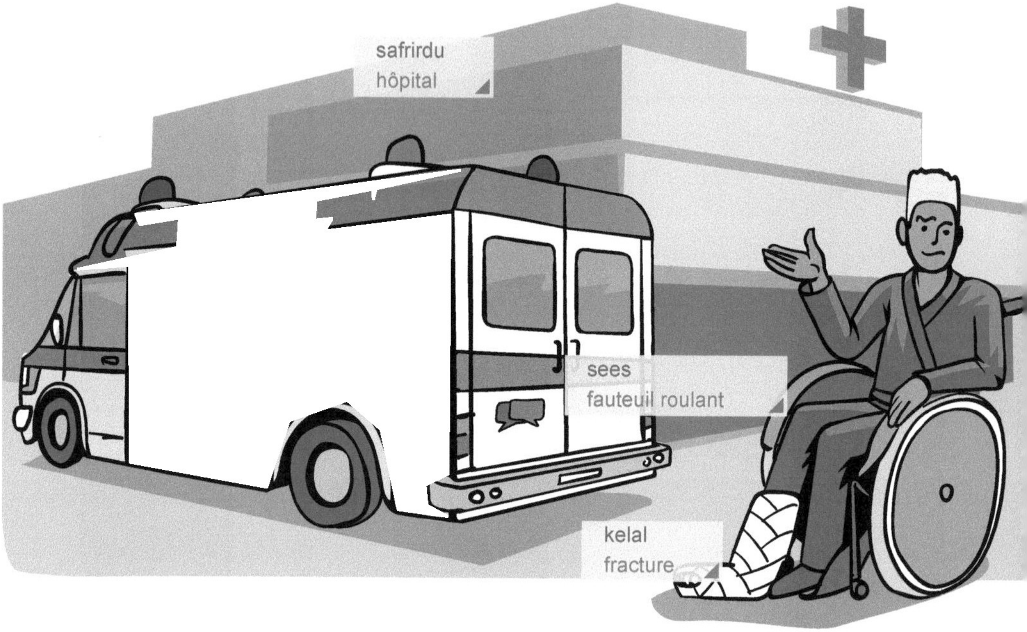

safrirdu
hôpital

sees
fauteuil roulant

kelal
fracture

cafroowo

médecin

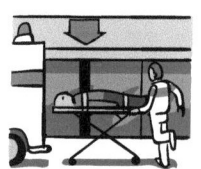

suudu heñaare

service des urgences

debbo cafroowo

infirmière

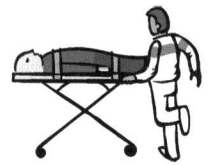

heñorde

urgence

wondaane hakkile

inconscient

muuseeki

douleur

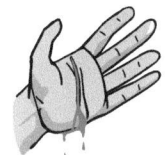

gaañande

blessure

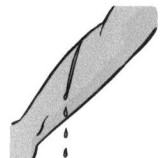

tuɗɗe ɳiiɳam

hémorragie

muuseeki ɓernde

crise cardiaque

piigol

attaque cérébrale

nefo

allergie

ɗojjude

toux

ɓandu wulooru

fièvre

pali

grippe

ndogu reedu

diarrhée

hoore muusoore

mal de tête

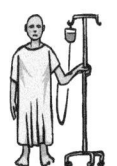

kaaseer

cancer

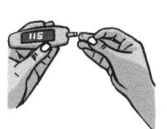

jabett

diabète

oppiroowo

chirurgien

jaggirdi

scalpel

oppeere

opération

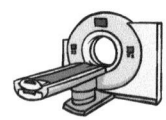

CT
CT

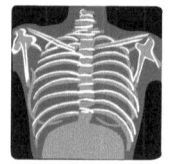

buuɗi x
radiographie

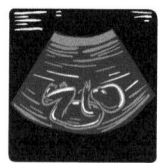

iltarasooŋ
échographie

huurirdu yeeso
masque

rafi
maladie

heblorde
salle d'attente

beeke
béquille

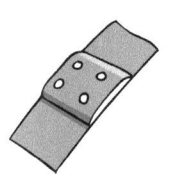

tabak
pansement

bandaas
pansement

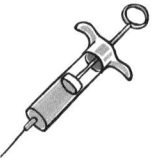

pinggu
injection

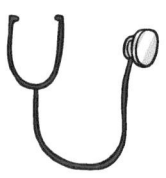

estetoskop
stéthoscope

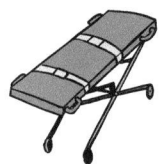

pooɗoowo
brancard

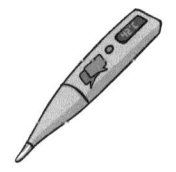

termomeeter safrirdu
thermomètre

jibinande
accouchement

ɓuttiɗgol
surcharge pondérale

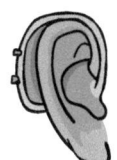

ballal nanirɗe

appareil auditif

laɓɓinoowo

désinfectant

raaɓo

infection

wiriis

virus

SIDAA

VIH / sida

lekki

médicament

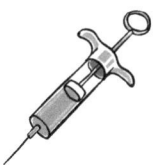

ñakko

vaccination

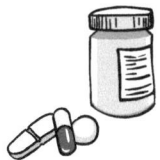

poɗɗe

comprimés

foɗɗere

pilule

noddaango heñiingo

appel d'urgence

ÿeewtorde yaadu ÿiiyam

tensiomètre

faawŋi / selli

malade / sain

Ballal
Au secours !

pindinoowo
alarme

njangu
assaut

raaŋande
attaque

boomre
danger

yaltirde yaawnde
sortie de secours

Jeyngol
Au feu!

ñifoowo jeyngol
extincteur

aksida
accident

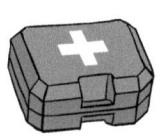
saawdu safaara gadano
trousse de premier secours

SOS
SOS

poliis
police

Orop

Europe

Amarik Rewo

Amérique du Nord

Amarik Worgo

Amérique du Sud

Afirik

Afrique

Aasi

Asie

Ostaraali

Australie

Atalantik

Océan atlantique

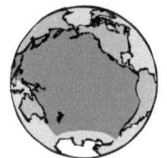

Pasifik

Océan pacifique

Maayo Endo

Océan indien

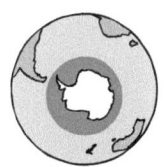

Maayo Antarkatik

Océan antarctique

Maayo Arkatik

Océan arctique

Baŋe Rewo

pôle nord

Baŋe Worgo

pôle sud

Antarkatik

Antarctique

Leydi

terre

leydi

pays

maayo

mer

siire

île

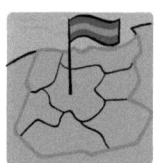

wuro

nation

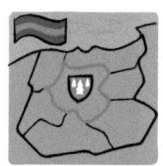

laamu

état

yeeso waktu

cadran

jungo waktu

aiguille des heures

jungo hojoma

aiguille des minutes

jungo majaango

aiguille des secondes

hol waktu?

Quelle heure est-il ?

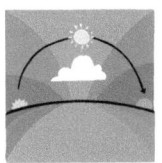

ñalawma

jour

saha

temps

jooni

maintenant

mantoor nattoowo

montre digitale

hojoma

minute

waktu

heure

semaine

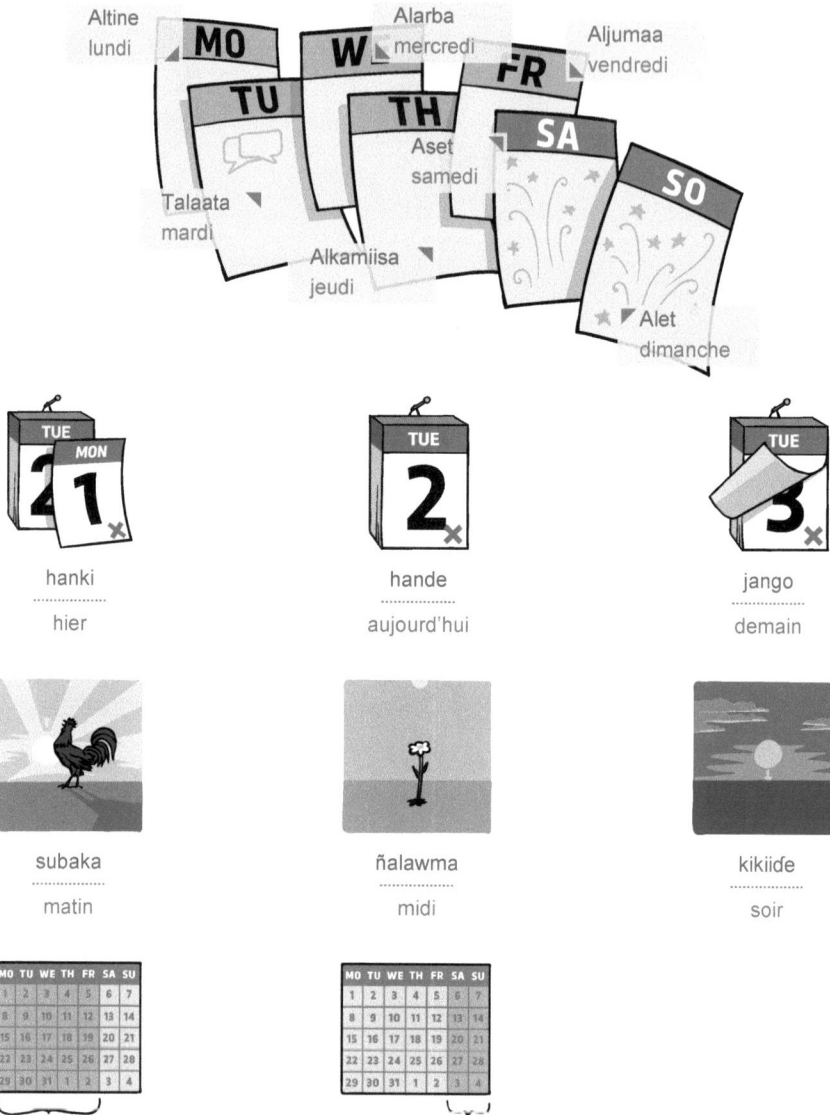

Altine / lundi	Alarba / mercredi	Aljumaa / vendredi
Talaata / mardi	Aset / samedi	
Alkamiisa / jeudi	Alet / dimanche	

hanki
hier

hande
aujourd'hui

jango
demain

subaka
matin

ñalawma
midi

kikiiɗe
soir

biir
jours ouvrables

ñaldi
week-end

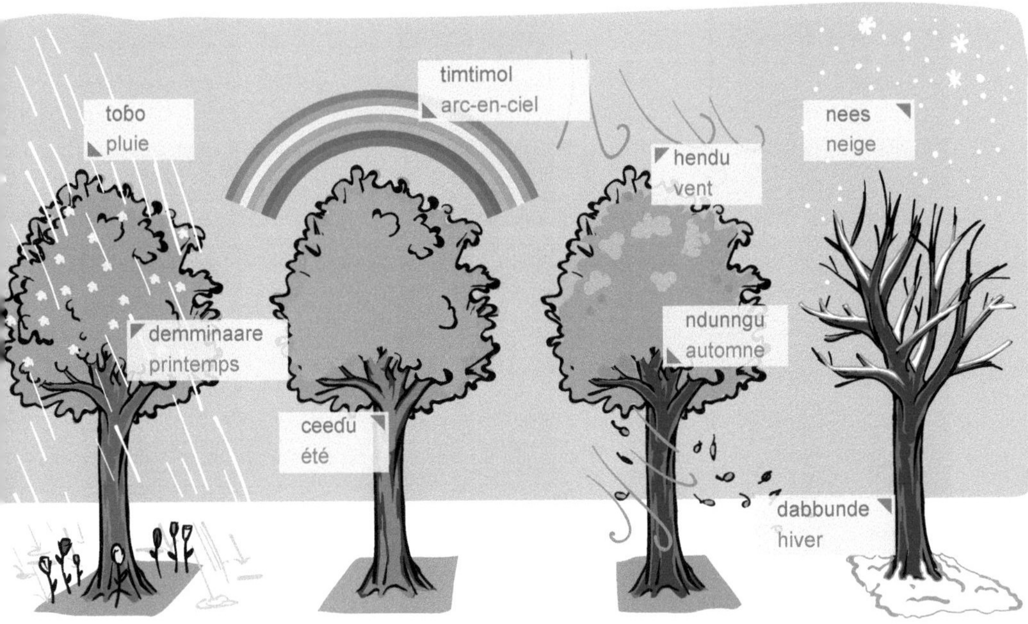

tobo
pluie

timtimol
arc-en-ciel

nees
neige

hendu
vent

demminaare
printemps

ndunngu
automne

ceeɗu
été

dabbunde
hiver

kabaaru weeyo

météo

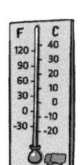

termomeeter

thermomètre

naaŋini

lumière du soleil

ruulde

nuage

cuurki

brouillard

uddeende

humidité

majje

foudre

gidaango

tonnerre

hendu

tempête

huɗɗni

grêle

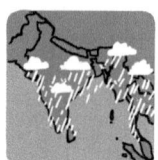

ruulɗini

mousson

waame

inondation

nees

glace

Siilo

janvier

Colte

février

Mbooy

mars

Seeɗto

avril

Duuyal

mai

Korse

juin

Morse

juillet

Juko

août

Siilto

septembre

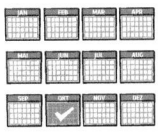

Yarkoma

octobre

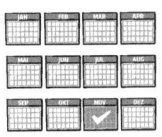

Jolal

novembre

Bowte

décembre

taarto

cercle

yaajeendi

carré

yaajo

rectangle

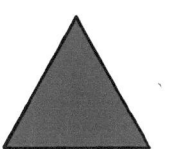

saraandi

triangle

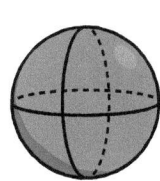

mbiifu

sphère

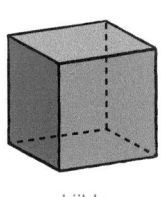

kiibb

cube

daneejo

blanc

oolo

jaune

oraas

orange

roos

rose

boɗeejo

rouge

mboongu

violet

bulaajo

bleu

werte

vert

cooyo

marron

puro

gris

ɓaleejo

noir

heewi / seeɗa

beaucoup / peu

seki / deeyi

fâché / calme

yooɗi / soofi

joli / laid

fuuɗorde / gasirde

début / fin

mawɗo / tokooso

grand / petit

leeri / niɓɓiɗi

clair / obscure

maniraaɗo / miñiraaɗo

frère / soeur

laaɓi / tunwi

propre / sale

timmi / manki

complet / incomplet

ñalawma / jamma

jour / nuit

maayi / wuuri

mort / vivant

yaaji / faaɗi

large / étroit

nano / nanotaako

comestible / incomestible

boni / moÿÿi

méchant / gentil

softi / yoomi

excité / ennuyé

ɓuttiɗi / sewi

gros / mince

adi / wattindi

premier / dernier

sehil / gaño

ami / ennemi

heewi / ɓolɗi

plein / vide

muusi / weeɓi

dur / souple

teddi / hoyi

lourd / léger

heege / ɗomka

faim / soif

faawŋi / selli

malade / sain

wona laawol / laawol

illégal / légal

feerti / muddiɗi

intelligent / stupide

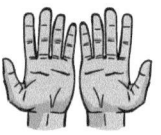

nano / ñaamo

gauche / droite

ɓatti / woɗɗi

proche / loin

keso / kiiɗɗo

nouveau / usé

ndiga / huunde

rien / quelque chose

nayeejo / suka

vieux / jeune

huɓɓi / ñifii

marche / arrêt

uditi / uddii

ouvert / fermé

deeÿi / dille

faible / fort

alɗi / waasi

riche / pauvre

goonga / fenaande

correct / incorrect

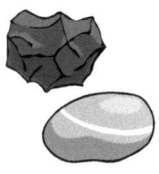

tiiɗi / nooyi

rugueux / lisse

metti / weli

triste / heureux

raɓɓiɗi / juuti

court / long

leeli / yaawi

lent / rapide

leppi / yoori

mouillé / sec

wuli / ɓuuɓi

chaud / froid

hare / jam

guerre / paix

ceeri - oppositions

0

ndiga

zéro

1

gooto

un / une

2

ɗiɗi

deux

3

tati

trois

4

nay

quatre

5

joy

cinq

6

jeegom

six

7

jeeɗiɗi

sept

8

jeetati

huit

9

jeenay

neuf

10

sappo

dix

11

sappoy goo

onze

12

sappoy ɗiɗi

douze

13

sappoy tati

treize

14

sappoy nay

quatorze

15

sappoy joy

quinze

16

sappoy jeegom

seize

17

sappoy jeeɗiɗi

dix-sept

18

sappoy jeetati

dix-huit

19

sappoy jeenay

dix-neuf

20

noogaas

vingt

100

teemedere

cent

1.000

ujunere

mille

1.000.000

miliyooŋ

million

langues

Aŋale

anglais

Aŋale Amarik

anglais américain

Mandare Siinaaɓe

chinois mandarin

Hindi

hindi

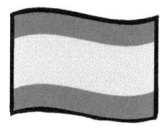

Españool

espagnol

Farayse

français

Arab

arabe

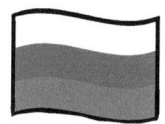

Riis

russe

Portigees

portugais

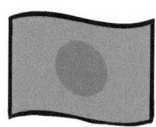

Bengali

bengali

Almaa

allemand

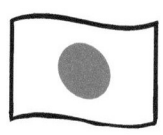

Sapponee

japonais

miin
je

an
tu

kanko / kanko / kanum
il / elle / ce, c', cela

minen
nous

onon
vous

kambe
ils / elles

holoon?
Qui ?

holɗuum?
Quoi ?

holnoon?
Comment ?

holtoon?
Où ?

mande?
Quand ?

inde
nom

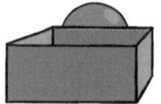

caggal

derrière

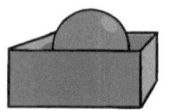

nder

dans

sawndo

devant

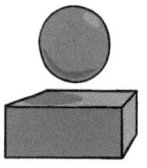

dow

au-dessus

e

sur

les

en-dessous

sara

à côté de

hakkunde

entre

nokku

lieu